خليل و الأكْوان المُتعدَّدِة

سعْد العايِد

Khalil and the Multiverse

Levantine Arabic Reader – Book 13
(Syrian Arabic)

by Saad Al-Aayd

lingualism

ISBN: 978-1-949650-56-3

Written by Saad Al-Aayd

Edited by Ahmed Younis and Matthew Aldrich

English translation by Saad Al-Aayd

Cover art by Duc-Minh Vu

Audio by Saad Al-Aayd

website: www.lingualism.com

email: contact@lingualism.com

Introduction

The **Levantine Arabic Readers** series aims to provide learners with much-needed exposure to authentic language. The fifteen books in the series are at a similar level (B1-B2) and can be read in any order. The stories are a fun and flexible tool for building vocabulary, improving language skills, and developing overall fluency. **This book is specifically Syrian Arabic.**

The main text is presented on even-numbered pages with tashkeel (diacritics) to aid in reading, while parallel English translations on odd-numbered pages are there to help you better understand new words and idioms. A second version of the text is given at the back of the book, without the distraction of tashkeel and translations, for those who are up to the challenge.

Visit the **Levantine Arabic Readers** hub at **www.lingualism.com/lar**, where you can find:

- **free accompanying audio** to download or stream (at variable playback rates)

- a **guide** to the Lingualism orthographic (spelling and tashkeel) system

- a **blog** with tips on using our Levantine Arabic readers to learn effectively

خليل و الأكْوان المتُعدِّدِة

راجِع عَ البيْت بعِد ما خلّص شغِل بمِحلّ الحْدادةِ. هُوِّ مانو حدّاد، بسّ هاد الشِّغِل يَلّي كان مَوْجود.

"أحْسنْلك مْن القعْدِة." هَيِّ الجمْلِة يَلّي كان يِسْمعا على طول مِن إمّو.

كإنّو الشِّغِل مْعبّي الدِّنْيي وأنا ما بِدّي إشْتغِل. عم إطْلع مِن طيز الصُّبْح وإرْجع المسا، وصاحِب المحلّ مْفكِّرْني عبد عنْدو، وآخِر النّْهار بْيَعْطيني ٣٠٠٠ ليْرة (٣٠٠٠ ليْرة قبْل الحرْب كانت بِتْساوي ٦٠ دولار) وهلأّ ال ٣٠٠٠ ليْرة دولار ونُصّ . يَعْني بْيِشْترْولي ٣ ربْطات خِبز ويمْكِن كيلو بطاطا أَوْ بندوْرة أَوْ ما بعْرف شو كمان.

وِصِل لعِنْد المحلّ يَلّي بْياخِد مِن عنْدو الخبِز كِلّ يوْم وهُوِّ عم يِحْكي مع حالو.

صاحِب المحلّ بْيَعْرِف خليل وبْيَعْرِف أهْلو مْنيح، و كان يَعْرِف أبوه كْتير مْنيح. قبِل ما يِتْوَفّى بِقلْب البيْت اللي راح بِالقصِف.

البيْت نِصّو مْهدّم والنِّصّ التّاني قاعِد فيه خليل مع إمو وإخْتو.

Khalil and the Multiverse

He returned home after he finished working in the blacksmith shop. He is not a blacksmith, but this is the only work that was available.

"Better than doing nothing." That's what his mother always told him.

As if work was available everywhere, and I do not want to work. I leave the house for work at the crack of dawn and come back in the evening. And the boss treats me like his slave. At the end of the day, he gives me 3,000 lira. (3,000 lira before the war was $60, but at the moment, it is worth $1.50). This means I can buy three loaves of bread, and maybe a kilo of potatoes or tomatoes, or I don't know what else.

He arrived at the store where he buys bread every day while talking to himself.

The shop owner knows Khalil and his family well, and his father knew him well before he died inside the house that got bombed.

Half of the house was destroyed, and the rest was where Khalil lived with his mother and sister.

"قْعود شْراب كاسةْ شاي." صاحِب المحلّ قال لخليل وهُوِّ عم يْسجِّل على دفْتر الدّيْن.

قال خليل: "لا يِسْلمو. ماني مْصدِّق أيْمت أوصل البيْت، وحُطّ راسي ونام.

"ليْك الخِبْزات عَ الطّاوْلِة" قال صاحِب المحلّ لخليل.

"يِسْلمو." عطى خليل المصاري للبيّاع و طِلِع.

وِصِل البيْت. سلّم على أهْلو. سألِتو إمّو: "حطِّلك أكِل؟"

"لا ماما. بِدّي فوت على غِرِفْتي ونام. أكلِت بِالمحلّ. اليوْم طول النّهار ما رْتحْنا ثانْيِة. كان في كْتير شغِل وما خلّصْناه، وبِكْرا لازِم بكِّر بِالطّلْعة، لأنّ صاحِب المحلّ بدّو يانا كِلّنا نْكون بِالمحلّ قبِل بْساعة مِشان يْسلِّم الطّلبية قبْل الضُّهْر."

"طيِّب، تِصْبح على خيرْ يا ماما."

شبابيك غِرْفِةْ خليل مِن كرْتوْن، لا خشب ولا قْزاز ولا ألمِنْيوم. والسّقِف خشب محْروق ومِحْني. والباب بطّانية قديمِة، لأنّ الباب طار مِن ضغْط الانْفِجارات.

"Sit down and have a cup of tea," the shopkeeper told Khalil while he was writing in the ledger.

Khalil said, "No thanks. I can't wait to get home and lie down to sleep."

"Your bread is on the table," the shopkeeper told Khalil.

"Thank you," Khalil gave the money to the shopkeeper and went out.

He arrived home and greeted his family. His mother asked him, "Shall I put out something for you to eat?"

"No, Mom. I want to go to my room and sleep. I ate at work. The whole day we did not rest for a moment. There was a lot of work, and we could not complete it. And tomorrow I have to go to work earlier than usual because the owner asked us to come in an hour early in order to deliver the order before noontime."

"Okay. Good night, my dear son."

The windows in Khalil's room are made of cardboard, not of wood, glass, or aluminum, and the wooden ceiling is burned and bent. The door was replaced by an old blanket because it was blown away by the pressure from the explosion.

شلِح أَواعيه، وتْسطّح عَ التّخِت وعْيونو بِالسّقِف. نام خليل.

صوْت ضِحِك وصْحون وأكِل وتِلْفِزْيوْن صحّت خليل. بسّ يَلّي خلّاه يِصْحى، ريحةْ النّظافةِ يَلّي فايْحة مْن المخدّة، فتّح عْيونو وتْطلّع عَ السّقِف، لِسّاتو خشب بسّ نظيف ومانو محْروق. الشّبابيك قْزاز، وفي باب مكان البطّانية. مِن بينْ الأَصْوات يَلّي سمِعا، كان في صوْت واحِد خلّاه يْفِزّ مْن التّخِت ويوقف على حيْلو. أبوه؟! مِشي لعِنْد باب الغِرْفةِ على مهِل مِتْل الحرامي ووَقّف وَرا الباب، ووِجْهو ما بْيِتْفسّر. غمّض عْيونو لحتّى يِسْمع مْنيح ويْركّز بِالصّوْت.

فتح عْيونو ودفش الباب وطِلع عَ الصّالوْن لحتّى يْشوف أبوه.

حدا مِن أهْلو قلّو صباح الخيرْ، بسّ خليل ما ردّ كان عم يِتْطلّع حَواليْه وعمّ يْدوِّر على أبوه. لِحِق الصّوْت يَلّي كان جاي مِن غِرْفةْ نوْم أبوه. فتح الباب بِدون ما يِسْتأْذِن. تْطلّع فيه أبوه وقلّو: "العالم بْتِدِقّ الباب قبِل ما تْفوت."

ركض خليل لعِنْد أبوه وضمّو.

"شِبك؟ لِسّاتك عم تِحْلم؟" هيْك قال أبوه وهُوّ عمّ يْضِمّ خليل.

"صحْصِح!"

He got undressed and lay down on his bed, looking up at the ceiling. Khalil fell asleep.

The sound of laughter, plates, and food, and television woke Khalil. But what made him wake up was the scent of the clean pillow. He opened his eyes and looked at the ceiling, still made of wood but new and not burned. The windows are glass, and there is a door to his room, not a blanket. Among the sounds he was hearing, there was a sound that made him jump out of bed and stand up. His father?! He crept over to the door of his room like a thief and waited behind the door with an incredulous expression on his face. He closed his eyes in order to listen and focus on the voice.

He opened his eyes and pushed open the door to the living room, looking for his father.

Someone from his family said, "Good morning!" But Khalil did not respond. He was looking around for his father. He tracked the voice to his father's room. He opened the door without permission. His father looked at him and said, "People knock on the door before entering."

Khalil ran to his father and hugged him.

"What's with you? Are you still dreaming?" This is what his father said while hugging Khalil. "Wake up!"

رِجِع خليل خطْوِة وهُوِّ عم يِتْطلّع على أبوه. ومانو فهْمان شو اللي عمّ يْصير.

عطاه أبوه مصاري (٢٠٠ ليْرة). وقلّو: خوْد هدوْل، وشوف شو بدّا إمّك غْراض مْشان الغدا.

وطِلع أبوه برّا الغرْفِة بعِد ما لبِس تْياب الشّغِل. "أنا رايِح عَ الشّغِل. بدِّك شي إمّ خليل؟"

خليل واقِف بمِكانو ما تْحرّك. كامِش المصاري بإِيدو وعم يِتْطلّع فِيْن. وحاسِس إنّو في شي غلط. بسّ فرِحْتو بِشوفِةْ أبوه، خلّتو ما يْفكّر كْتير. بسّ كان مبْسوط خيرْ الله.

٢٠٠ ليْرة؟! شو بْيَعمْلوا ال٢٠٠ ليْرة؟ شو البابا مانو عرْفان شو صايِر بِالدِّنْيي؟ أَوْ يمِكْن أنا ماني عرْفان شو صايِر بِالدِّنْيي.

طِلع مْن الغرْفِة لقى إمّو وإخْتو عم يِفْطْروا، قالِتْلو إمّو: "قْعوْد فْطار مِشان تْلحِّق مدْرسْتك."

"مدْرسْتي؟"

"وَلا تِنْسى تْجيب الأغْراض بِطريقك وإنْتَ راجِع."

Khalil took a step back while looking at his father and trying to understand what was going on.

His father gave him money (200 lira) and said, "Take this and see what your mother wants for lunch."

His father went out of the room after he put on his work clothes. "I'm going to work. Do you need anything before I leave, Imm Khalil?"

Khalil stood in place, looking at his hand holding the money. He felt that there was something wrong. But his joy in seeing his father made him not give the subject much attention. But his joy was overwhelming.

200 lira?! What can 200 lira buy? Doesn't my father know what is going on outside? Or maybe I don't know what is happening in the world?

He left the room and found his mother and sister having breakfast. His mother said, "Sit down and have breakfast so you can get to your school on time."

"My school?"

"Don't forget to buy the things on your way back from school."

أكل خليل عَ الواقِف، ورجِع على غرِفْتو بْسرْعة. الغرْفة مْرتّبة ونظيفة. أَواعيه مْرتّبين بالخْزانة. خليل كان عمّ يْعيش اللّحْظة. وما بدّو هالإحْساس يْروح، مع إنّو مانو فهْمان أيمْت، ووين، وليْش، وكيف وشو يلّي عمّ يْصير. المهمّ رجع كلّ شي طبيعي.

لبِس أَواعي المدْرسة، حطّ الكتب بالشّنْطاية، وطِلع.

"ماما، بدّك شي؟ أنا رايح عَ المدْرسة."

"لا ماما، دير بالك على حالك، وَلا تنسى تْجيب الأَغْراض بطريقك. كتبْتلّك شو بدّي. خوْد الورقة من على طاولْة المطبْخ مشان ما تنْسى."

"طيِّب." أخد الورَقة. وطِلع برّا البيْت.

الحَياة طبيعية برّا. زحْمة العالم والسّيْر والباصات، وصوْت بيّاعين الخِضْرا اللي مْبسّطين بالشّوارع. خليل ماشي ومبْتسِم وعم يتْطلّع حَواليْه وشنْطايْتو على كتْفو. كإنّو نوْلد من جْديد.

"لفت انْتِباهو أسْعار الخِضْرا. كيلو البطاطا بْخمْس ليرات. البندوْرة أرْبع ليْرات. الموْز ب٢٥ ليرة. قال لحالو: "العمى، لَوْ شغْلي بالحلِم بمحلّ الحْدادة ٣٠٠٠ ليرة باليوْم، كنْت بْعيش فيُّن ملك هلأ!"

Khalil ate while standing and went to his room quickly. His room was neat and clean, and his clothes were tidy in the closet. Khalil was savoring the moment. And he didn't want that feeling to leave, even though he didn't understand when, where, how, and what was happening. What's important is that everything is back to normal.

He put on his school clothes, put the books inside the bag, and came out.

"Mom, do you want anything? I am going to school."

"No, my dear son. Take care of yourself, and don't forget to buy the things on your way back. I wrote down for you what I need. Take the paper from the kitchen table, so you don't forget."

"Okay!" He took the paper and left the house.

Outside, life was normal, crowded with people, traffic, and vehicles, the sounds of greengrocers who had spread out on the street. Khalil was walking smiling, carrying his bag on his shoulder, looking around as if he had been reborn.

The price of vegetables caught his attention. A kilo of potatoes was 5 lira, tomatoes 4 lira, bananas 25 lira. He thought to himself, "If the wage (3,000 pounds) that I was getting paid in a dream as a worker in a blacksmith shop were a reality, I would be living like a king now."

وصِل المدْرسةِ، فات عَ الصّفّ وهُوِّ مِبْتسِم. سلَّم على كلّ الطِّلّاب الموْجودين بِالصّفّ، حتّى يَلّي ما بيطيقُن. قعد وطلّع الدّفْتر والكْتاب وجهّزْن عَ المقْعد. وحطّ فوْقُن القِلام، وقعد ما تْحرّك، عم يِبْتِسِم ويِتْطلّع حَواليْه.

الطِّلّاب والأساتْزِة بِهداك اليوْم لاحظوا إنّو في شي مو طبيعي، وخلِّتْن يِتْساءلوا: "شو صايِر لخليل؟! كْتير مِخْتِلِف عن اليوْم اللي قبْلو. مبْسوط، وما عمّ يِحْكي كْتير. خليل اليوْم على غيْر العادِة."

كانِت مْشارِكْتو بِالصّفّ غيْر عادية. الحَيَوية والنّشاط كانِت عم تْخْدُق خدِق مِن خليل.

حتّى إسْتاذ الرِّياضِيّات قلّو: "مين إنْتِ!؟ ويْن خليل!؟"

خليل ما بيحِبّ الرِّياضِيّات، وبِالعادِة ما بيشارِك بِالدّرْس. بسّ اليوْم سأل الإسْتاذ ١٠٠ سُؤال وسُؤال: "ليْش هَيْ هيْك؟ وشو النّظرية بِتْقول؟ ضرْب وجمِع وتقْسيم، و±٧ يْساوي كذا..." كِلّ الصّفّ كان يِتْطلّع بِخليل كإنّو هُوِّ إسْتاذ الرِّياضِيّات، وخليل مو دايِر بالو لكِلّ التّعْليقات السّخيفِة يَلّي كانِت تِجي مِن بعْض الطِّلّاب. كان مِسْتمْتع بِكِلّ لحْظة بِالدّرْس، عم يِفْهم كِلّ كلْمِة وكْلّ حرِف وكْلّ رقم بْيِنْقال. رنّ جرس الفلِّة، وخليل لِسّاتو مْكفّي بِالأسْئِلِة.

He arrived at school and entered the classroom, smiling. He greeted all of the students, even students he disliked. He sat in his chair, took out books and notebooks, and placed them in front of him. And put the pens on top of them. He didn't move. He was just looking around, smiling.

On that day, both the teachers and the students noticed that something was wrong. He made them wonder, "What happened to Khalil? He has changed a lot from the day before. Happy, not talking much. He's not Khalil that we're used to."

His participation in the lesson was unusual. The vitality and [physical] activity of Khalil were overwhelming.

Even the mathematics teacher asked, "Who are you? Where is Khalil?"

Khalil does not like math and wouldn't usually participate in the lesson. But today, he asked the professor a hundred and one questions. "Why is that so? What does the theory say?" Multiplication, addition, and division, and ± 7 equals... All the students were looking at Khalil as if he were the math teacher. Khalil was indifferent to all the silly comments that were coming from some of the students. He was enjoying every moment of the lesson, and his focus was so intense that he understood every letter, word, and number that came out of the teacher's mouth. The bell rang, but Khalil continued his questions.

قال الإسْتاذ لخليل: "بكْرا منْكفّي."

خلِص الدَّوام. حمل خليل شنْطايْتو وحطّ فيا الكتب والدّفاتر والقْلام، قال لصْحابو: "بْشوفكْن بكْرا!"

طلِع برّا المدْرسِة راجِع على بيْتو، ومرق بطريقو على مدْرسِة إخْتو لحتّى يْرافقْا عَ البيْت.

تْفاجئت إخْتو لمّا شافت خليل واقِف على باب المدْرسِة، وعم يسْتنّاها، و بسّ وصْلت لعنْدو، مسِك خليل إيدا ومشوا راجْعين عَ البيْت.

تْطلّعت فيه إخْتو وقالت: "شو؟ على أساس ما رح تِسْتنّاني مرّة تانْيِة؟! مْبارِح كِنْت عم تْعيّط بوِشّي لأنّي تْأخّرْت ١٠ دقايِق. واليوْم بْشوفك ما فتحِت تمِّك بشي، مع إنّي تْأخّرْت."

ضحِك خليل وقال: "آسف، كنْت عم إمْزح معك، وإنْتي بْتعرْفي كلّ هالحكي مو طالع مِن قلْبي. وبعْديْن إنْتي إخْتي الوَحيدِة. إذا إنْتي ما تْحمّلْتي غلاظْتي، مين بدّو يِتْحمّلْني؟"

"آكل ضرْبِة على راسك اليوْم شي؟" سألتو إخْتو بالمزِح.

"يمْكِن، ما بعْرف. بيجوز وأنا نايِم مْبارِح باللّيْل خبطْت راسي بشي، وما كِنْت حاسِس على حالي." وضحِك.

The professor said to Khalil, "We'll continue tomorrow."

School was over. Khalil picked up his bag and put the books, pens, and notebooks in it. He said to his friends, "See you tomorrow!"

He left the school and was heading home, and he passed by, on his way, his sister's school to accompany her home.

His sister was surprised when she saw Khalil standing at the door of the school, waiting for her. When she approached him, he took her hand and started walking back home.

His sister looked at him and said, "What happened? You said that you would never wait for me again? Yesterday you yelled at me because I was just ten minutes late. Today you did not utter a word even though I was late."

Khalil laughed, saying, "I'm sorry. I was joking with you, and you know that everything I say while angry is not from my heart. After all, you're my only sister. If you don't put up with my bad temper, who will?"

"Did you hit your head on anything today?" his sister asked him jokingly.

"Probably! I don't know. Maybe my head bumped into something during my sleep last night, and I didn't feel it." He laughed.

"شو رأْيك بْشغْلِة؟ إذا بْتِجي معي لحتّى إشْترِي أغْراض البيْت، وبْتِساعْديني، بِشْترْيلك علْكِة."

قالِت إخْتو بِسرْعة: "بوظة!"

"طيِّب، بوظة."

مرق خليل عَ السّوق بِطريقو وأخد كِلّ الأغْراض المكْتوبِة بِالوَرقة. خِضْرا، فَواكِهْ، جاج. وآخِر شي المحلّ يَلّي بْياخِد مِنّو الخبِز كِلّ يوْم.

صاحِب المحلّ (بيكون رْفيق أبوه) واقِف عَ الكِرْسي عمّ يْرتِّب البِضاعة عَ الرّفّ.

"مرْحبا عمّو!"

"أهْلينْ عمّو خليل، كيفك؟ كيف أهْلك؟ كيف المدْرسِة؟"

"الحمْدُ لله عمّو، كِلُّن بْخيرْ وبيسلِّموا عليْك."

"نِزِل صاحِب المحلّ مِن عَ الكِرْسي وهوْن نْتبهْ إنّو خليل مو لحالو. إخْتو الصّغيرة معو. "كيفِك يا حِلْوِة؟ ليْش ما بْتِقولي مرْحبا لعمّو؟ مِسْتْحية مِنّي وَلّا شو؟"

قالِت: "كيفك عمّو؟" وهِيِّ مْخبّايِة وِشّا وَرا خليل.

"What do you think of this? If you come with me and help me buy things for the house, I will buy you some chewing gum."

She quickly said, "Ice cream!"

"Okay, ice cream."

Khalil passed his way through the market and bought all the things that were written on the paper, including vegetables, fruits, and chicken. And the last thing he had to do was go to the shop that he buys bread from every day.

The shopkeeper—his father's friend—is standing on the chair, putting goods on the shelf.

"Hello, uncle!"

"Hello, dear Khalil. How are you doing? How is your family? How is the school?"

"Praise God, they're all fine, uncle, and they send their greetings."

The shopkeeper got off the chair, and then he noticed that Khalil was not alone and that his little sister was with him. "How are you, sweetie? Why didn't you greet me? Do you feel shy with me or what?"

Hiding her head behind Khalil, she said, "How are you, uncle?"

قال خليل: "هِيِّ بْتِسْتِحي شْوَيّ."

"لا وَلا يْهِمّك عمّو. إنْتو مِتْل وْلادي. ليْك الخِبْزات تازة عَ الطّاوْلِة. بِدّك شي تاني؟"

"أيْ، بوظة."

صاحِب المحلّ مِشي لعِنْد برّاد البوظة وهُوِّ عمّ يْقول : "على شو بدّك ياها؟ على زهْري؟"

جاوَبِت إخْت خليل: "أيْ عمّو، زهْري. كيف عْرِفِت؟"

أخد صاحِب المحلّ البوظة وعط اها ياها. وقال: "أنا بعْرف كِلّ شي، هَيْ مِنّي إلِك."

"شْكْراً عمو." ردّ خليل. "هدوْل ٣٥ ليْرة حقّ الخِبْزات والبوظة."

أخد صاحِب المحلّ المصاري مِن خليل ورجّعْلو ٥ ليْرات. "قِلْتِلّك اليوْم البوظة ضْيافةِ مِنّي. بُكْرا إذا بِدّك بوظة باخِد مِنّك مصاري."

"يِسْلموا عمّو." وطِلْعوا برّا المحلّ راجْعين عَ البيْت.

وِصِل البيْت. "ماما نِحْنا هوْن. ويْن حِطّ الأغْراض؟"

حُطُّن بِالمطْبخ، ليْكْني جايِّة بسّ خلِّص الغسيل."

Khalil said, "She's a bit shy."

"No worries, dear. You are like my children. The fresh bread you want is on the table there. Do you want anything else?"

"Yes, ice cream."

The shopkeeper walked to the ice cream freezer, saying, "What kind of ice cream do you want? Pink ice cream?"

Khalil's sister replied, "Yes, uncle. Pink. How did you know that?"

The grocery store owner got the ice cream, gave it to her, and said, "I know everything. It's on me."

"Thank you, uncle," Khalil responded. "Here are the 35 lira for the bread and the ice cream."

The shopkeeper took the money from Khalil and gave him back five lira. "I told you that the ice cream was my treat. Tomorrow, if you want ice cream, I'll take money from you."

"Thanks, uncle." And they exited the shop and went back home.

They arrived home. "Mom, we're here. Where do you want me to put the things?"

"Put them in the kitchen. I'll come when I'm done with the laundry."

حطّ خليل الأغْراض بِالمطْبخ، وراح لعِنْد إمّو وضمّا وهِيِّ عم تِنْشر الغسيل.

قالِت إمّو: "فوت غيرِّ أَواعيك وتْحمّم، وإذا جوعان كوْل شغْلة. لأنّ بابا بدّو يتْأخّر بِالشّغِل اليوْم. تّصل فيّي وقلّي عِنْدو اِجْتِماع بِنِهايةْ الدَّوام وما بيخلّص للسّاعة ٤. ولبينْ ما يوصل البيْت بتْكون صارِت السّاعة ٥."

"لا ماما، بِصْبرِ لحتّى يِجي البابا ومناكِل سَوا."

خليل كان جوعان كْتير، بسّ مِن لهِفْتو لحتّى يْشوف أبوه ويُقْعُد معو، تْحمّل الجوع.

فات خليل على غرِفْتو، شلح أَواعيه وأخد المنْشفِة وفات عَ الحمّام. تْحمّم بِسرْعة ورجِع على غرِفْتو ولِبس أَواعي نظيفِة، وطِلع عَ الصّالوْن بِوِشّو عَ الصّوْفا، شغّل التِّلْفِزْيوْن وتْسطّح.

"تمَّ تَدْشين خَط المتْروْ الثّالِث، وَقد دخل الخِدْمة اِبْتِداءًا مِن اليَوْم ٢٠/٢/٢٠١٥. وَقد وَعدت الحُكومة بِتعْديل أسْعار بِطاقات المتْروْ لِتُناسِب جميع فِئات الشَّعْب تَلْبيةً لِمُظاهرات الإِسْبوع الماضي، كما صرَّح رئيسُ مَجْلِس الشّورى السّوري، وَفي لِقاءٍ صحفيّ أعْلن أيْضًا عن مُناقشةْ البرْلمان لِمشْروع رَفْع الحدّ الأدْنى مِن أُجور العامِلين لِيَصِل إلى ٣٠ ألْف لَيْرَة سورية (ما يُقارِب ال٦٠٠ دولار)."

Khalil put the stuff in the kitchen, then went to his mother and hugged her while she was hanging up the laundry.

His mother said, "Go, get changed, take a shower, and if you feel hungry, eat something now because your father will be late from work today. He called me and told me that he has a meeting at the end of the day that will finish at four o'clock. And it'll be five o'clock by the time he gets home."

"No, mom. I can be patient until Dad comes back, and we can eat together."

Khalil was starving, but the longing to see his father and sit with him made him endure hunger.

Khalil went into his room, took off his clothes, took the towel, and went to the bathroom. He took a quick shower, went back to his room, put on some clean clothes, and then headed out to the living room to the sofa, turned on the television, and lay back.

"The third metro [subway] line has been inaugurated and has entered service as of today. The government has promised to modify the prices of metro cards to suit all categories of people in last week's demonstrations, as stated by the president of the Syrian Advisory Council. In a press conference, he also announced the parliament's discussion of the project to raise the minimum wage for workers to 30,000 Syrian lira (approximately 600 dollars)."

هَيْ الأخْبار عِنّا هوْن؟ مجْلِس شورى؟ مِترْوْ؟ مُظاهرات؟ شو، أنا عم إحْلم؟ وَلّا كنِت عم إحْلم؟ بسّ أنا بِتْزكّر غيرْ هيْك. الحرْب، وأبي اللي تْوَفىّ. وبيْتْنا المِدمّر واللّيْرة يَلّي ما عاد تِسْوى شي.

وهُوِّ عم يِسْتنّى السّاعة لحتّى تْصير ٥. غِفْلِت عْيونو بِدون ما يْحِسّ.

بعْد شْوَيّ، صوْت حدا عمّ يْصحّيه. "خليل! قوم!"

فتّح عْيونو بسّ خليل حسّ في شغْلِة على وِشّو، بسّ ما حطّ بِبالو. بعْديْن تْطلّع مين اللي عمّ يْصحّيهْ مْن النّوْم. حدا لابِس قِناع! مِتِل يَلّي شافُن خليل بِفِلْم "تْشرْنوْبِل". فزّ مِن الصّوْفايِة مرْعوب، وهُوِّ عم يِسْمع صدى صوْت نفسو التُّقيل، كإنّو بِغرْفِة مْعتْمِة وإلا شِبّاكيْن صْغار مْدوَّرين وعم يِتْطلّع مِنُّن.

"مين إنتي؟!"

"شِبك ماما؟ هَيْ أنا. إمّك!"

بعِد ما خليل تْعرّف عَ الصوْت مع إنّو كْتير صعِب وإنْتِ لابِس قِناع غاز. وشِكْلك مِتْل الفضائِيّين.

"ماما؟ ليْش هيْك لابْسِة!؟"

Is this the news here? Advisory Council? Metro? Demonstrations? Am I dreaming? Or was I dreaming? But I remember something else. The war, and that my father died. And our destroyed home and the lira that is worth nothing.

While he was waiting for [the clock to strike] 5 o'clock, his eyes closed without him noticing.

After a while, someone's voice was trying to wake him up. "Khalil! Get up!"

He opened his eyes but felt something on his face. But he did not think about it. Then he looked at who was waking him up. A person wearing a gas mask like the one Khalil had seen in the movie "Chernobyl." He jumped up from the sofa in terror, hearing the heavy echo of his breath, as if he was in a dark room with two small, round windows to see through.

"Who are you?"

"What's wrong with my dear son? This is me, your mother.

After that, Khalil recognized the voice, even though it was really difficult, especially with the gas mask and looking like aliens.

"Mom? Why are you dressed like that?"

"كِلّ العالم لابْسِة هيْك، وإنْتِ كمان لابِس هيْك."

ركض خليل عمّ يْدوِّر عَ المْرايِة وبِدون وَعي ضرب كوعو بِشي بسّ ما حسّ لأنّو كان بالو مشْغول وهُوِّ عمّ يْدوِّر عَ المْرايِة مِشان يْشوف حالو. بسّ لقى ما في مْرايِة وَلا في شي بْيَعِرْفو حَواليْه. قعد بِالأرْض وهُوِّ ماسِك كوعو مْن الوَجع. وسأل إمّو: "شو عم بيصير؟ ويْن بابا؟ رِجِع مْن الشِّغِل؟"

"أيّ شِغِل؟ صرْلنا أكْتر مِن سِنْتيْن على هالحالِة، مِن وَقِت ما بلّشِت الحرْب." قالِت إمّو وهِيِّ عم تِتْفقّد كوعو. "جرحِت حالك وإنْتِ مانك حاسِس!"

"مو مِشكْلِة الجِرْح. فهْمِني شو عمّ يْصير؟ أيّ حرْب؟ ويْن بابا؟"

"الحرْب! ما مْنعْرِف مين ضرب مين، أَوْ كيف بلّشِت. المُهِمّ إنّو لِسّاتْنا عايْشين لبيْن ما تْفْرج. وكمان ما مْنعْرِف إذا الأكِل والميّ نْظاف وَلّا مْلوَّتين. ما حدا عرْفان شي مِن هداك الوَقِت."

"و بابا؟ وإخْتي؟"

"The whole world is dressed like this, and you are also dressed this way."

Khalil ran to look for the mirror, and he unknowingly hit his elbow in something, but he did not realize it because his mind was busy searching for the mirror in order to look at himself. But he found that there was no mirror, and there was nothing familiar around him. He sat on the ground, holding his elbow in pain, and asked his mother, "What is happening? Where is my father? Has he returned from work?"

"What work? We have been living like this for over two years, ever since the war broke out," his mother said while looking at his elbow. "You hurt yourself without realizing it."

"Never mind the wound. Help me understand what's going on. What war? Where is Dad?"

"The war! We don't know who attacked who or how it started. The important thing is that we are still alive until it gets better. We also don't know if the water and food are polluted or not. Nobody has known anything since that time."

"And Dad? And my sister?"

"بابا طِلع مع رفيقو صاحِب المحلّ يَلّي كنْت تْجيب مِن عِنْدو الخبز. مِشان يْأمِّن شْوَيِّة أغْراض، أكِل وميِّة الشِّرب للبيْت. وما مْنعْرف كم يوْم بِدّو لحتّى يِرْجع. بسّ ما بيطوِّل، بِالعادة مو أكْتر مِن إسْبوع. بيجي وبْيُقْعُد كم يوْم، وبعْديْن بيْرجع مرّة تانْية. وإخْتك ليْكا نايْمِة حدّك."

"تْحرّك خليل لعِنْد إمّو وقلّا: "شو بِحْسِن إعْمِل؟"

"وَلا شي ماما. مِتِل ما كِنْت تِعْمِل كِلّ يوْم. تِتْأكّد مْن البطارِيّات إذا مشْحونين، وفلاتِر الهَوا. وتِقْرا الكتِب والرِّوايات يَلّي أبوك عمّ يْجيبا إلك كِلّ ما رِجِع."

"ووِيْن الكتِب؟"

"ليْكُن عَ الأرْض حدّ مخدّتك."

راح خليل وأخد كْتاب مِن بيْن الكِتِب وقعد عَ الطّراحة حدّ إخْتو. شِكْلو مِتْل الحَيْوان اللي بْياكِل النِّمِل بسّ مع مِصْفايِة مْدوَّرة.

"ولأيمْت بِدّنا نْظلّ عايْشين هيْك ماما؟"

"قِلْتِلّك ما مْنعْرِف شي. كِلّ مرّة بيقولولْنا قِصّة، يوْم بِدّنا نِطْلع مِن هوْن، بسّ لَويْن؟ ما حدا بْيَعْرِف. بيقولوا في مكان فيه ميِّة نظيفِة

"Your father went out with his friend, the shopkeeper, where you would buy bread. He went out to get some things like food and drinking water for the house. We don't know how many days he needs to return, but it usually doesn't take long, not more than a week. Then he comes and stays here for several days and then goes back again. And your sister is sleeping beside you."

Khalil moved toward his mother, saying, "What can I do?"

"Nothing, my dear son. Just do what you used to do every day. Make sure the batteries are charged and check the air filters. And continue reading the books and novels that your father brings for you whenever he returns home."

"And where are the books?"

"They're there on the ground next to your pillow."

Khalil went and took one of the books and sat on the mattress next to his sister. He looked like an anteater with a round filter.

"And how long are we going to live like this, Mom?"

"I told you that we don't know anything. They always tell us something. Once, they told us we would get out of here, but where? No one knows. They say there is a place with clean water, ...

بسّ لحدّ هلّأ عمّ يْقولوا الرّوْحة لهْنيك خِطْرة. ويوْم بيقولوا الحُكومةِ عم تاخِد العالم على مكان عِمِلْتو خْصوصي مِشان هالوَضِع. بسّ مِن سنْتيْن لحدّ هلّأ ما في حدا شاف هالمكان أَوْ بْيَعْرِف ويْنو."

"ماما، بِحْسِن إرْجع نام؟ حاسِس حالي كْتير تعْبان وماني حسْنان إتْحرّك. إذا عِزْتي شي، صحّيني مْن النّوْم."

"أيْ ماما، رْتاح وبسّ عِزِت شي بْصحّيك."

ما بْيَعْرِف شو الوَقِت، وَلا السِّنة وَلا الشّهِر، وَلّا إذا كان ليْل أَوْ نْهار. خليل كان بسّ بِدّو يْنام. سند ظهْرو عَ الحيْط والِكْتاب بيْن ديّاتو ونام.

إخْتو بلّشِت تْنِطّ حدّو عَ الصّوْفا مِشان يِصْحى، فتّح عْيونو وتْطلّع حَواليْه. "أنا بِالبيْت مرّة تانْيِة؟" جلّس قعِدْتو بِالصّوْفا، بسّ كان كْتير خايِف وما حِسِن يِضّحّك بوِشّ إخْتو.

كان خايِف يِسْأل أيّ سُؤال لأنّ ما بْيَعْرِف شو الجَواب رح يْكون.

فاتِت إمّو عَ الصّالوْن. "قوم تْحرّك ساعدْني بْتِجْهيز السِّفْرة. شْوَيّ وبْيوصل البابا مْن الشِّغِل. شو فيك؟ جوعان؟ ليْش عم تِتْطلّع فيني هيْك؟"

but so far, they're saying that going there is risky. And once, they said that the government is taking people to a place that it is specially designed for these conditions, but in two years, no one has seen this place or knows where it is."

"Mom, can I go back to sleep? I feel very tired and weak. If you want anything, please wake me up."

"Well, my dear son. Rest, and if I need something from you, I will wake you up."

He doesn't know what time it is, the year or month, or if it is day or night. Khalil just wanted to sleep. He leaned his back against the wall with his book in his hands and fell asleep.

His sister started jumping next to him on the sofa so he'd wake up. He opened his eyes and looked around. "I am home again?" He got up and sat on the sofa, feeling the terrible fear that prevented him from smiling at his sister.

He was also afraid to ask any question because he didn't know what the answer would be.

His mother came into the living. "Get up and come with me to help me prepare a table for food. Your father will get back from work soon. What's with you? Are you hungry? Why are you looking at me like this?"

"لا ما في شي ماما. أيْ جوعان، ومِسْتنّي شوف البابا."

وَطّى خليل صوْت التِّلْفِزْيوْن لأنّ سِمِع صوْت حدا واقِف عِنْد باب البيْت، وفي صوْت خرْخشةْ مفاتيح. فتح الباب ودخل أبوه وصاح بِصوْت عالي: "مرْحبا، أنا هوْن."

ركْضِت إخْتو برّا الصّالوْن مِشان تْسلِّم عليْه وتْحُضْنو كالعادةِ. وإمّو طِلْعِت مْن المطْبخ وقالِت: "يَعْطيك العافْيِة."

"الله يْعافيكي." ردّ أبو خليل وكفّى كلامو: "شو؟ ناطْرين الأكِل وَلّا ناطْريني؟" وهُوِّ عمّ يِشْلح سبّاطو عِنْد الباب.

"ناطْرين الأكِل أكيد." قالِت إمّ خليل وهِيِّ عم تِضْحك.

"شو؟ ويْن خليل؟" سأل أبوه.

خليل كان عم يِسْمع كِلّ شي بسّ ما تْحرّك مْن الصّوْفا. كان خايِف مِن شي، بسّ ما بْيَعْرِف مِن شو. طول اليوْم كان مِسْتنّي الوَقِت يِمْضى بِسُرْعة لبيْن ما يِرْجع أبوه مْن الشِّغِل. وهلأّ إجِت اللّحْظة، وخليل ما حِسِن يِتْحرّك لحتّى فات أبوه عَ الصّالوْن.

"أهْليْن بابا! يَعْطيك العافْيِة." ومِشي لعِنْد أبوه وضمّو، بسّ مو مِتِل ضمِّةْ الصِّبِح.

"Nothing, mom. I'm hungry and waiting to see Dad."

Khalil muted the TV because he heard a sound outside the door of the house, the sound of keys rattling. The door opened, and his father entered, saying in a loud voice, "Hello! I'm here!"

His sister ran out of the living room to welcome him and hug him as usual. His mother came out and stood at the kitchen door, wishing him, "God give you strength!"

"God give you health, too!" Abu Khalil replied, then went on to say, "What's up? Are you waiting for food, or are you waiting for me?" while he took off his shoes at the door.

"Waiting for the food, of course!" Imm Khalil said while laughing.

"Where is Khalil?" his father asked.

Khalil was listening to everything but did not move off of the sofa. He was afraid of something, but he did not know what. He was impatiently waiting for the moment of his father's return, and when this happened, Khalil was unable to move until his father entered the living room.

"Hi, Dad! God give you strength!" He walked over to his father and hugged him. But it was not like the morning's hug.

"الله يْعافيك بابا. شو؟ ليْش هيْك وِشّك؟ صحْصحِت وَلّا لِسّاتك نايِم؟"

"لا صحْصحِت. بسّ غِفْلِت عيْني شْوَيّ بعِد ما رْجِعْت مْن المِدْرسِة."

"طيِّب، أنا رح فوت غيرِّ أواعيّي وإتْحمّم عَ السّريع. جوعان خيرْ الله. يلّا تْنيْناتْكُن روحوا ساعْدوا إمّكُن بِتحْضير سُفْرِةْ الأكِل. بسّ روح أوّل شي وغسِّل وِشّك مِشان تْصحْصِح."

راح خليل عَ الحمّام مِشان يْغسِّل وشو. وهُوِّ عم بيغسِّل وشو، حسّ بِوَجع مو طبيعي بِكوعو، رفع كِمّ الكنْزِة لحتّى يْشوف شو صايِر. لقى في جِرْح، وشكْلو ما صرْلو زمان، شغْلِةْ يوْم أَوْ يوْميْن مو أكْتر. كان وِشّو ما بْيِتْفسّر.

طِلع أبو خليل مْن الحمّام ولقى الكِلّ ناطْرينو على سِفْرِةْ الأكِل.

"بِسْم الله." وبلّشوا الأكِل. الكِلّ كان طبيعي، عم يِحْكوا ويِضْحكوا ويمْزحوا إلّا خليل كان عم يِبْتِسِم وياكُل بسّ ما حكا وَلا كِلْمِة. عم يِتْطلّع على أهْلو كإنّو عم يْوَدِّعُن أَوْ هَيْ آخِر مرّة رح يْشوفُن. خطر بِبالو الشِّغِل بِمحلّ الحْدادِة . الغِرْفِة بِشبّاكيْن مْدوّرين صْغار، وصدى نفْسو التّقيل. وبْلحْظة تْهيّئْلو إنّو في بطّانية مكان باب غِرفْتو.

"You, too, my dear son. What's this face? Or are you still asleep?"

"No, I'm awake now, but I took a nap after I got home from school."

"Well, I'll change my clothes and take a bath quickly. I'm starving. And you two, go and help your mother prepare the food. But before anything else, go put some water on your face to wake up."

Khalil went to the bathroom to wash his face. While he was washing his face, he felt excruciating pain in his elbow. He raised the sleeve of the sweater to see what caused the pain and found a wound, and it seemed that it was not an old one. It probably happened a day or two ago. He had an incredulous expression on his face.

Abu Khalil got out of the shower and went out and found everyone waiting for him at the table.

"In the name of God." Then they all started eating. Everyone was normal, laughing and joking. However, Khalil was smiling and eating without participating in the conversation. He looked at his family as if he was saying goodbye and would never see them again. His thoughts at this moment were about his work in the blacksmith's shop, the room with small round windows, the echo of his heavy breathing. For a moment, he saw that there was a blanket in the place of his room door.

"فيك شي؟ مو عاجِبْني حالك اليوْم. شو صايِر معاك؟ حدا مْضايْقك بِالمدْرسِة أَوْ بِالحارة اليوْم؟" أسْئِلِةْ أبوه خلّت تهيُّؤات خليل تْطير.

"لا ما في شي، بابا. بسّ وَقِت غِفْلِت عْيوني بعِد ما جيت مْن المدْرسِة، شِفِت منام زعجْني."

"طيِّب بابا، إنْتِ هلأّ هوْن بيْناتْنا، خلّي أحْلامك لبعْديْن. شو، ويْن خليل الصِّبِح؟ راح وَلّا لِسّاتو هوْن؟"

"لا بابا، لِسّاتو هوْن." وهُوِّ عم يِضْحك على طريقِةْ أبوه بِالحكي.

وبلّش أبوه يمِزْح معو ويْضحّكو وخلّاه يِنْسى كِلّ شي.

بعْديْن سألو عنْجد. "كيف كانِت المدْرسِة اليوْم؟ هات حْكيلي."

وبلّش خليل يِحْكي لأبوه عن كِلّ يوْمو. المدْرسِة والطّلّاب والأساتْذِة والدُّروس عن شو كانوا. وعن درْس الفيزْيا والكيمْيا والرِّياضِيّات. وصار خليل يِشْرح شو صار بيْنو وبيْن إسْتاذ الرِّياضِيّات. وأبوه عم يِسْمع ويِسْأل خليل كمان وكمان. وخليل يِحْكي أكْتر وأكْتر. مبْسوط وعم يِضْحك مِن كِلّ قلْبو.

ما حسّ خليل كيف مرّ الوَقِت. خلّصوا أكِل وشالوه عَ المطْبخ، وغسّلوا الصُّحون وقعدوا شِرْبوا الشّاي سَوا. وخليل لِسّا ما خلّص حكي.

"Are you okay? Your behavior is strange today. Did anything happen to you? Did someone bother you in the street or at school?" The questions of his father made his delusions vanish.

"It's nothing, dad. But when I took a nap, I saw a dream that bothered me."

"Well, my dear son, you're nowhere with us. Put off your dreams for later. What happened? Where is the Khalil from this morning? Is he gone, or is he still here?"

"No, dad. He's still here," he laughed at the way his father spoke.

And his father started kidding and laughing with him, which made him forget everything.

Then he asked him seriously, "How was school today? Tell me."

And Khalil started talking to his father about his whole day. School, students, and about what the lessons were about. And about physics, chemistry, and math. And Khalil started explaining what happened between him and the math teacher. And his father was listening and asking Khalil more and more. Khalil was talking more and more, happy and laughing from all his heart.

Khalil did not sense how time was passing. They finished eating and carried things to the kitchen, did the dishes, and sat and drank tea together. And Khalil still hadn't stopped talking.

قعد أبوه يِتْفرّج عَ التِّلْفِزْيوْن مع إمّو. وهُوِّ وإخْتو قاعْدين عم يِكْتِبوا الوَظيفِة. لأنّ إمُّن وَعدْتُن إذا بيخلّْصوا وَظايْفُن بكّير، رح تعْمِلُّن جاتّو. وبِالعِطْلِة "مِنروح كِلّياتْنا مِشْوار."

خلّص خليل وَظيفْتو، ضبّ أغْراض المدْرسِة بِالشّنْطايِة وأَخدا وحطّا بغِرِفْتو، ورجِع عَ الصّالوْن وقعد حدّ أبوه. كان مِسْتنّي أبوه يْخلِّص فِرْجِة عَ الأخْبار مِشان يِرْجع ويِحْكي معو.

أبوه مْركِّز بِالتِّلْفِزْيوْن. وخليل عم يِتْطلّع على عْيون أبوه المِسْكّْرين شْوَيّ وَرا النّظّارات العاكْسين شو طالِع بِالتِّلْفِزْيوْن.

قامِت إمّو وراحِت لعِنْد إخْتو لأنّا بدّا مساعدِةْ بِالوَظيفِة وخليل ما رِضي يْساعِدا، وتْحجّج إنّو تعْبان وما عمّ يْركِّز، مِشان ما يِتْحرّك مِن جنْب أبوه.

خِلْصِت الأخْبار. زتّ أبوه جِهاز التّحكُّم مِن إيدو عَ الطّاوْلِة، وصار يِحْكي بِالسِّياسِة مع حالو (مِتِل كِلّ أبّهات العالم). خليل عِرِف هلّأ رح تْروحْلا ١٠ دقايِق حكي بْتِنْتِهي بِ "ما حدا فهْمان شي!" إذا ما حدا فهْمان شي لشو عم تِتْفرّج لكان؟ كان خليل بِدّو يْقول لأبوه هالكِلْمِة ١٠٠ مرّة، بسّ كان خايِف مِن شي طيّارة تِنْزِل عليْه على غفْلة. طبْعاً مِن إمّو. أيْ صحيح أبوه بيعيِّط عليْه بعْض مرّات، بسّ بْحَياتو ما مدّ إيدو عليْه. بسّ إمّ خليل ما معا مزِح. إيدا والكّفّ، ما بْتعْرِف مِن ويْن بيجيك، تْقول طيّارِةْ شبح.

His father and mother sat to watch TV, and Khalil and his sister did their homework because their mother promised them that she would make a cake for them if they did their homework early, and also at the weekend, "We'll all go on a short trip."

Khalil finished his homework, put his things inside the bag, and put them in his room. Then he returned to the living room and sat next to his father, waiting for him to finish watching the news in order to talk to him again.

His father was focused on television. Khalil was looking at his father's eyes, which were slightly closed, behind the glasses that reflected the television screen.

His mother went to help his sister with her homework because Khalil refused to help her, claiming that he was tired and could not concentrate. But in fact, he didn't want to move from his father's side.

The news was over. His father tossed the TV remote control in his hand onto the table. And he started talking politics with himself (like all fathers in the world), and at this moment, Khalil knew that his father's talk would last for ten minutes and end with "No one understands anything!". Since no one understands anything, then why you're watching? Khalil thought of saying this to his father 100 times. But he was afraid of the slap that would suddenly descend on his neck. Of course, from his mother. In fact, his father shouted at him sometimes, but he never touched him. But you cannot joke with Imm Khalil. The slap comes first, without you knowing where it came from, as subtle and fast as a stealth pilot.

"شو بدّك تعْمِل لبيْن ما صار الجاتّو؟" كان عمّ يْسمِّع إمّ خليل مِشان تْقوم وتْجهِّز الجاتّو يَلّي وَعدِت فيه الوْلاد.

"طيِّب، تعال درِّس بِنْتك لبيْن ما قوم وإعْمل الجاتّو."

"شايِفْ لك إبْني، بِحَياتك لا تِحْكي قبِل ما تْفكِّر بِالنَّتيجِة. خلّيني قوم درِّس إخْتك وخلّي إمّك تْحضِّر الجاتّو."

خليل كان في عِنْدو كْتير حكي بِدّو يْقولو لأبوه، عن كِلّ شي عمّ يْشوفو ويِسْمعو ويْعيشو، عن شِغْلو بمِحلّ الحْدادِة وعن البطّانية تبْعيت الباب والسّقْف المحْروق، وعن شحْن البطّاريّات وتبْديل فلاتِر الهَوا بِالقبو، وعن صدى صوْتو التّقيل يَلّي عاشو وهُوِّ بِالعتْمِة. عن الجِّرِح يَلّي بِكوعو. بسّ كِلْمِةْ أبوه طنِّت بمِخّو طنّ. "بِحَياتك لا تِحْكي قبِل ما تْفكِّر بِنتيجِةْ حكْيَك."

شو بِدّا تْكون النّتيجِة يَعْني؟ يمْكِن يْفكِّرْني جنّيت؟ أَوْ عم إتْهرّب مِن مسْؤوليّاتي بِقِصص وحكاوي؟ بسّ أكيد رح يَعْطيني حلّ. البابا على طول هيْك، الله لا يِحْرِمْني مِنّو ومِن ماما ومِن إخْتي كمان. بِكْرا رح خبّرو بِكِلّ شي وشو ما صار يْصير. لأنّي ما عاد فْهِمت شو يَلّي عم بيصير معي.

مرق الوَقْت بْسِرْعة، السّهْرة والجاتّو والعشا. خليل حسُّن ثانْيِة.

"What are you thinking of doing until the cake is ready?" His aim was to make Imm Khalil listen so that she would get up and prepare the cake that she had promised the kids.

"Well, come and help your daughter with her homework. Then I can bake the cake."

"Did you see what happened, my dear son? Learn to think about the consequences of what you say before you say it. I have to help your sister with her homework so that your mom can make the cake.

Khalil had many things that he wanted to tell his father about–everything that he had seen, heard, and experienced. He wanted to tell him about his work in the blacksmith's shop, about the blanket door and the burnt roof, about charging the batteries and changing the air filters in the basement, about the heavy echo of his voice in the dark, about the wound on his elbow. But his father's words were buzzing in his brain. "Learn to think about the consequences of what you say before you say it."

What would be the consequences? Maybe he'll think I'm crazy? Or that I'm making up stories to get out of my responsibilities? But he will definitely give me a solution. My dad always gives me solutions. I hope God does not deprive me of all of them. Tomorrow I will tell him everything, no matter what happens–because I am no longer able to understand what is happening to me.

Time passed quickly–the evening, the cake, dinner. Khalil felt like it was a single moment.

"يَلّا بابا عَ النّوْم. صارِت السّاعة ١١. وأنا كمان لازِم قوم نام مِشان الشِّغِل."

"معلَيْش بابا بْخلِّص الفِلِم وبعْدَيْن بْفوت نام؟ مو جايّيني نوْم هلّأ."

"أيْ معلَيْش، بسّ لحتّى يِخْلص هالفِلِم، مو لحتّى يِخْلص الفِلِم الجايّ. يَعْني عَ ال١٢ بِتْكون بِفْراشك، مِشي؟ ولا تِنْسى تْطفّي الضوّ والتِّلْفِزْيوْن."

"طيِّب بابا، بسّ خِلِص الفِلِم بْطفّي التِّلْفِزْيوْن والضّوّ وبْروح على غِرِفْتي."

"تِصْبح على خيرْ!"

"وإنْتِ بْخير بابا."

خليل ما بِدّو يِتْفرّج عَ الفِلِم، بسّ ما بِدّو يْروح عَ الفْراش لأنّو خايِف إنّو يْنام وما بْيَعْرِف هَيِّ المرّة وين بِدّو يِصْحى. قرّر إنّو ما يْنام لتاني يوْم. ما تْسطّح عَ الصّوْفا مِتِل ما بْيَعْمِل بِالعادِة، ظلّ قاعِد وعمّ يْقلِّب بِقنوات التِّلْفِزْيوْن. وكُلّ ما لقى فِلِم بيحِبّو كان يِقْلِب عنّو لأنّ خاف إذا قعد يْتابِع شغْلة بيحِبّا رح تِرْخي بدنو وتْخلّيه يْنام. صارِت السّاعة ٢تنْتيْن وخليل لِسّاتو صامِد وعْيونو مفْتوحين. و بِالآخِر وِقِع جِهاز التّحكُّم مِن إيدو.

سافر خليل.

"Come on, dear children. It's bedtime. It's 11 o'clock, and I also have to get to bed for work [tomorrow]."

"Dad, can I go to sleep after the movie ends? I don't feel sleepy now."

"Yes, you can, but just until this movie ends, not the next one. So, you should be in bed at 12. Is that okay? And don't forget to turn off the television and lights."

"All right, when the film ends, I'll turn off the television and the lights and go to my room."

"Good night!"

"You too, Dad!"

Khalil doesn't want to watch the movie, but he doesn't want to go to bed for fear of falling asleep and not knowing where he will wake up this time. He decided not to sleep tonight. He did not lie down on the sofa as he usually does. He stayed sitting while he changed the TV channels. Every time he found a movie he liked, he would change the channel because he was afraid that if he continued watching something he liked, he would feel relaxed and fall asleep. It is now 2 a.m., and Khalil is still open-eyed, struggling not to fall asleep. And in the end, the TV remote fell out of his hand.

Khalil traveled.

"حسّ على حالو إنّو نام ولازِم يِصْحى، حرّك راسو لقِدّام مِشان يِتْجلّس بِالصّوْفا. طرق راسو بِالحيْط ومْن الوَجع فتّح عْيونو وإيدو على راسو. لقى حالو مِتْسطِّح على تختو بِغرِفْتو وعْيونو عم تِتْطلّع بالسّقِف. شال إيدو مِن على راسو وعْيونو التّْنيْن مفْتوحين عَ الآخِر عَ السّقْف المحْروق. جمِد بِأرْضو لعشِر دقايِق. بعْديْن تْطلّع عَ اليمين لقى بطّانية مكان باب غرِفْتو. "شو هالأحْلام يَلّي عم شوفا؟ خلّيني قوم لحِّق الشّْغِل."

تْحرّك خليل مْن التّخت، راح عَ الخْزانِة، غيرّ أَواعيه ولبِس أواعي الشّْغِل. طِلع عَ الحمّام. خلّص مْن الحمّام وفات عَ المطْبخ ولقى إمّو عم تْحضِّر الفْطور. بعِد ما شاف خليل إمّو بِالمطْبخ وريحِةْ القهْوِة مْعبّايِة المكان، حسّ بِإنّو الدِّنْيي بْخيْر وكان مِرْتاح مِن جْوّاه بِالرِّغِم مْن الواقِع المرير يَلّي كانوا عايْشينو. فِطْروا سَوا، وَدّع خليل إمّو وطِلع عَ الشّْغِل.

مِشي خليل بِطريقو عَ الشّْغِل بِكِلّ ثقة مو هامّو شي وعم يِتْطلّع حَواليْه بِالطّريق. مرق مِن قِدّام المحلّ اللي بْياخِد مِنّو خِبز. صاحِب المحلّ لابِس صِدْريِةْ الشّْغِل (بْلاسْتيك وبيْضا وكْتير وِسْخة) واقِف على باب المحلّ وماسِك دفْتر الدّيْن بيْن ديّاتو وعم يِتْطلّع بِخليل.

Khalil felt that he had fallen asleep and had to wake up, turning his head forward to get off of the sofa. He struck his head against the wall, and out of pain, he opened his eyes, his hand on his head, realizing that he was on his bed, looking at the burnt ceiling. He removed his hand from his head with large, open eyes focused on the ceiling. For 10 minutes, he was stunned in place, and then he looked to his right and saw a blanket in the place of the door of his room. "What dreams did I have? I should get up and get to work."

Khalil moved from his bed and went to his closet, changed his clothes, and put on his work clothes. Then he went to the bathroom, and when he finished, he went to the kitchen and found his mother making breakfast. After seeing his mother in the kitchen and the smell of the coffee filling the place, Khalil felt that everything was fine, and he was feeling comfortable inside, despite the bitter reality they were living in. They had breakfast together, and then he said goodbye to his mother and left for work.

Khalil walked along his way to work confidently, without fear of anything and was looking around, passing by the grocery store from which he buys bread and found its owner standing at the door of the shop wearing a work apron (a plastic apron, white and very dirty) holding the ledger in his hand, looking at Khalil.

"لا تِنْسى تمِرُق تاخِد الخبْزات اليوْم، عَ المَوْعدْها. مِسْتنّيك."

"تْطلّع خليل عليْه وبْهَي اللّحْظة حسّ إنّو كُلّ شي طبيعي متِل ما كان، وإنّو كِلّ شي شافو كان وَهِم مو أكْتر. وإنّو هاد الواقع يَلّي أنا فيه ولازِم عيشو كيف ما هُوِّ."

"طيِّب عمّو وَلا يْهِمّك. اليوْم عَ المَوْعِد تماماً بْكون عنْدك". اِبْتسم خليل وتْطلّع قِدّامو وكفّى طريقو عَ الشِّغِل.

"Don't forget to come by and get the bread today. On time. I'm waiting for you."

Khalil looked at him and felt at this moment that everything was normal around him and that everything he saw was just a delusion, and thought to himself, "This is the reality I'm in, and it's what I should be living, just the way it is."

"Okay, uncle. Don't worry. Today, at the exact time, I'll be here." Khalil smiled, and looked in front of him, and continued on his way to work.

Arabic Text without Tashkeel

For a more authentic reading challenge, read the story without the aid of diacritics (tashkeel) and the parallel English translation.

خليل و الأكْوان المتُعدِّدةِ

راجع ع البيت بعد ما خلص شغل بمحل الحدادة. هو مانو حداد، بس هاد الشغل يلي كان موجود.

"أحسنلك من القعدة." هي الجملة يلي كان يسمعا على طول من إمو.

كإنو الشغل معبي الدني وأنا ما بدي إشتغل. عم إطلع من طيز الصبح وإرجع المسا، وصاحب المحل مفكرني عبد عندو، وآخر النهار بيعطيني ٣٠٠٠ ليرة (٣٠٠٠ ليرة قبل الحرب كانت بتساوي ٦٠ دولار) وهلأ ال ٣٠٠٠ ليرة دولار ونص . يعني بيشترولي ٣ ربطات خبز ويمكن كيلو بطاطا أو بندورة أو ما بعرف شو كمان.

وصل لعند المحل يلي بياخد من عندو الخبز كل يوم وهو عم يحكي مع حالو.

صاحب المحل بيعرف خليل وبيعرف أهلو منيح، و كان يعرف أبوه كتير منيح. قبل ما يتوفى بقلب البيت اللي راح بالقصف.

البيت نصو مهدم والنص التاني قاعد فيه خليل مع إمو وإختو.

"قعود شراب كاسة شاي." صاحب المحل قال لخليل وهو عم يسجل على دفتر الدين.

قال خليل: "لا يسلمو. ماني مصدق أيمت أوصل البيت، وحط راسي ونام.

"ليك الخبزات ع الطاولة" قال صاحب المحل لخليل.

"يسلمو." عطى خليل المصاري للبياع و طلع.

وصل البيت. سلم على أهلو. سألتو إمو: "حطلك أكل؟"

"لا ماما. بدي فوت على غرفتي ونام. أكلت بالمحل. اليوم طول النهار ما رتحنا ثانية. كان في كتير شغل وما خلصناه، وبكرا لازم بكر بالطلعة، لأن صاحب المحل بدو يانا كلنا نكون بالمحل قبل بساعة مشان يسلم الطلبية قبل الضهر."

"طيب، تصبح على خير يا ماما."

شبابيك غرفة خليل من كرتون، لا خشب ولا قزاز ولا ألمنيوم. والسقف خشب محروق ومحني. والباب بطانية قديمة، لأن الباب طار من ضغط الانفجارات.

شلح أواعيه، وتسطح ع التخت وعيونو بالسقف. نام خليل.

صوت ضحك وصحون وأكل وتلفزيون صحت خليل. بس يلي خلاه يصحى، ريحة النظافة يلي فايحة من المخدة، فتح عيونو وتطلع ع السقف، لساتو خشب بس نظيف ومانو محروق. الشبابيك قزاز، وفي باب مكان البطانية. من بين الأصوات يلي سمعا، كان في صوت واحد خلاه يفز من التخت ويوقف على حيلو. أبوه؟! مشي لعند باب الغرفة على مهل متل الحرامي ووقف ورا الباب، ووجهو ما بيتفسر. غمض عيونو لحتى يسمع منيح ويركز بالصوت.

فتح عيونو ودفش الباب وطلع ع الصالون لحتى يشوف أبوه.

حدا من أهلو قلو صباح الخير، بس خليل ما رد كان عم يتطلع حواليه وعم يدور على أبوه. لحق الصوت يلي كان جاي من غرفة نوم أبوه. فتح الباب بدون ما يستأذن. تطلع فيه أبوه وقلو: "العالم بتدق الباب قبل ما تفوت."

ركض خليل لعند أبوه وضمو.

"شبك؟ لساتك عم تحلم؟" هيك قال أبوه وهو عم يضم خليل. "صحصح!"

رجع خليل خطوة وهو عم يتطلع على أبوه. ومانو فهمان شو اللي عم يصير.

عطاه أبوه مصاري (٢٠٠ ليرة). وقلو: خود هدول، وشوف شو بدا إمك غراض مشان الغدا.

وطلع أبوه برا الغرفة بعد ما لبس تياب الشغل. "أنا رايح ع الشغل. بدك شي إمر خليل؟"

خليل واقف بمكانو ما تحرك. كامش المصاري بإيدو وعم يتطلع فين. وحاسس إنو في شي غلط. بس فرحتو بشوفة أبوه، خلتو ما يفكر كتير. بس كان مبسوط خير الله.

٢٠٠ ليرة؟! شو بيعملوا ال٢٠٠ ليرة؟ شو البابا مانو عرفان شو صاير بالدني؟ أو يمكن أنا ماني عرفان شو صاير بالدني.

طلع من الغرفة لقى إمو وإختو عم يفطروا، قالتلو إمو: "قعود فطار مشان تلحق مدرستك."

"مدرستي؟"

"ولا تنسى تجيب الأغراض بطريقك وإنت راجع."

أكل خليل ع الواقف، ورجع على غرفتو بسرعة. الغرفة مرتبة ونظيفة. أواعيه مرتبين بالخزانة. خليل كان عم يعيش اللحظة. وما بدو هالإحساس يروح، مع إنو مانو فهمان أيمت، ووين، وليش، وكيف وشو يلي عم يصير. المهم رجع كل شي طبيعي.

لبس أواعي المدرسة، حط الكتب بالشنطاية، وطلع.

"ماما، بدك شي؟ أنا رايح ع المدرسة."

"لا ماما، دير بالك على حالك، ولا تنسى تجيب الأغراض بطريقك. كتبتلك شو بدي. خود الورقة من على طاولة المطبخ مشان ما تنسى."

"طيب." أخد الورقة. وطلع برا البيت.

الحياة طبيعية برا. زحمة العالم والسير والباصات، وصوت بياعين الخضرا اللي مبسطين بالشوارع. خليل ماشي ومبتسم وعم يتطلع حواليه وشنطايتو على كتفو. كإنو نولد من جديد.

لفت انتباهو أسعار الخضرا. كيلو البطاطا بخمس ليرات. البندورة أربع ليرات. الموز ب٢٥ ليرة. قال لحالو: "العمى، لو شغلي بالحلم بمحل الحدادة ٣٠٠٠ ليرة باليوم، كنت بعيش فين ملك هلأ!"

وصل المدرسة، فات ع الصف وهو مبتسم. سلم على كل الطلاب الموجودين بالصف، حتى يلي ما بيطيقن. قعد وطلع الدفتر والكتاب وجهزن ع المقعد. وحط فوقن القلام، وقعد ما تحرك، عم يبتسم ويتطلع حواليه.

الطلاب والأساتزة بهداك اليوم لاحظوا إنو في شي مو طبيعي، وخلتن يتساءلوا: "شو صاير لخليل؟! كتير مختلف عن اليوم اللي قبلو. مبسوط، وما عم يحكي كتير. خليل اليوم على غير العادة."

كانت مشاركتو بالصف غير عادية. الحيوية والنشاط كانت عم تخدق خدق من خليل.

حتى إستاذ الرياضيات قلو: "مين إنت!؟ وين خليل!؟"

خليل ما بيحب الرياضيات، وبالعادة ما بيشارك بالدرس. بس اليوم سأل الإستاذ ١٠٠ سؤال وسؤال: "ليش هي هيك؟ وشو النظرية بتقول؟ ضرب وجمع وتقسيم، و±٧ يساوي كذا..." كل الصف كان يتطلع بخليل كإنو هو إستاذ الرياضيات، وخليل مو داير بالو لكل التعليقات السخيفة يلي كانت تجي من بعض الطلاب. كان مستمتع بكل لحظة بالدرس، عم يفهم كل كلمة وكل حرف وكل رقم بينقال. رن جرس الفلة، وخليل لساتو مكفي بالأسئلة.

قال الإستاذ لخليل: "بكرا منكفي."

خلص الدوام. حمل خليل شنطايتو وحط فيا الكتب والدفاتر والقلام، قال لصحابو: "بشوفكن بكرا!"

طلع برا المدرسة راجع على بيتو، ومرق بطريقو على مدرسة إختو لحتى يرافقا ع البيت.

تفاجئت إختو لما شافت خليل واقف على باب المدرسة، وعم يستناها، و بس وصلت لعندو، مسك خليل إيدا ومشوا راجعين ع البيت.

تطلعت فيه إختو وقالت: "شو؟ على أساس ما رح تستناني مرة تانية؟! مبارح كنت عم تعيط بوشي لأني تأخرت ١٠ دقايق. واليوم بشوفك ما فتحت تمك بشي، مع إني تأخرت."

ضحك خليل وقال: "آسف، كنت عم إمزح معك، وإنتي بتعرفي كل هالحكي مو طالع من قلبي. وبعدين إنتي إختي الوحيدة. إذا إنتي ما تحملتي غلاظتي، مين بدو يتحملني؟"

"آكل ضربة على راسك اليوم شي؟" سألتو إختو بالمزح.

"يمكن، ما بعرف. بيجوز وأنا نايم مبارح بالليل خبطت راسي بشي، وما كنت حاسس على حالي." وضحك.

"شو رأيك بشغلة؟ إذا بتجي معي لحتى إشتري أغراض البيت، وبتساعديني، بشتريلك علكة."

قالت إختو بسرعة: "بوظة!"

"طيب، بوظة."

مرق خليل ع السوق بطريقو وأخد كل الأغراض المكتوبة بالورقة. خضرا، فواكه، جاج. وآخر شي المحل يلي بياخد منو الخبز كل يوم.

صاحب المحل (بيكون رفيق أبوه) واقف ع الكرسي عم يرتب البضاعة ع الرف.

"مرحبا عمو!"

"أهلين عمو خليل، كيفك؟ كيف أهلك؟ كيف المدرسة؟"

"الحمد لله عمو، كلن بخير وبيسلموا عليك."

"نزل صاحب المحل من ع الكرسي وهون نتبه إنو خليل مو لحالو. إختو الصغيرة معو. "كيفك يا حلوة؟ ليش ما بتقولي مرحبا لعمو؟ مستحية مني ولا شو؟"

قالت: "كيفك عمو؟" وهي مخباية وشا ورا خليل.

قال خليل: "هي بتستحي شوي."

"لا ولا يهمك عمو. إنتو متل ولادي. ليك الخبزات تازة ع الطاولة. بدك شي تاني؟"

"أي، بوظة."

صاحب المحل مشي لعند براد البوظة وهو عم يقول : "على شو بدك ياها؟ على زهري؟"

جاوبت إخت خليل: "أي عمو، زهري. كيف عرفت؟"

أخد صاحب المحل البوظة وعط اها ياها. وقال: "أنا بعرف كل شي، هي مني إلك."

"شكرا عمو." رد خليل. "هدول ٣٥ ليرة حق الخبزات والبوظة."

أخد صاحب المحل المصاري من خليل ورجعلو ٥ ليرات. "قلتلك اليوم البوظة ضيافة مني. بكرا إذا بدك بوظة باخد منك مصاري."

"يسلموا عمو." وطلعوا برا المحل راجعين ع البيت.

وصل البيت. "ماما نحنا هون. وين حط الأغراض؟"

حطن بالمطبخ، ليكني جاية بس خلص الغسيل."

حط خليل الأغراض بالمطبخ، وراح لعند إمو وضما وهي عم تنشر الغسيل.

قالت إمو: "فوت غير أواعيك وتحمم، وإذا جوعان كول شغلة. لأن بابا بدو يتأخر بالشغل اليوم. تصل فيي وقلي عندو اجتماع بنهاية الدوام وما بيخلص للساعة ٤. ولبين ما يوصل البيت بتكون صارت الساعة ٥."

"لا ماما، بصبر لحتى يجي البابا ومناكل سوا."

خليل كان جوعان كتير، بس من لهفتو لحتى يشوف أبوه ويقعد معو، تحمل الجوع.

فات خليل على غرفتو، شلح أواعيه وأخد المنشفة وفات ع الحمام. تحمم بسرعة ورجع على غرفتو ولبس أواعي نظيفة، وطلع ع الصالون بوشو ع الصوفا، شغل التلفزيون وتسطح.

"تم تدشين خط المترو الثالث، وقد دخل الخدمة ابتداءا من اليوم ٢٠/٢/٢٠١٥. وقد وعدت الحكومة بتعديل أسعار بطاقات المترو لتناسب جميع فئات الشعب تلبية لمظاهرات الإسبوع الماضي، كما صرح رئيس مجلس الشورى السوري، وفي لقاءٍ صحفي أعلن أيضا عن مناقشة البرلمان لمشروع رفع الحد الأدنى من أجور العاملين ليصل إلى ٣٠ ألف ليرة سورية (ما يقارب ال٦٠٠ دولار)."

هي الأخبار عنا هون؟ مجلس شورى؟ مترو؟ مظاهرات؟ شو، أنا عم إحلم؟ ولا كنت عم إحلم؟ بس أنا بتزكر غير هيك. الحرب، وأبي اللي توفى. وبيتنا المدمر والليرة يلي ما عاد تسوى شي.

وهو عم يستنى الساعة لحتى تصير ٥. غفلت عيونو بدون ما يحس.

بعد شوي، صوت حدا عم يصحيه. "خليل! قوم!"

فتح عيونو بس خليل حس في شغلة على وشو، بس ما حط ببالو. بعدين تطلع مين اللي عم يصحيه من النوم. حدا لابس قناع! متل يلي شافن خليل بفلم "تشرنوبل". فز من الصوفاية مرعوب، وهو عم يسمع صدى صوت نفسو التقيل، كإنو بغرفة معتمة وإلا شباكين صغار مدورين وعم يتطلع منن.

"مين إنتي؟!"

"شبك ماما؟ هي أنا. إمك!"

بعد ما خليل تعرف ع الصوت مع إنو كتير صعب وإنت لابس قناع غاز. وشكلك متل الفضائيين.

"ماما؟ ليش هيك لابسة!؟"

"كل العالم لابسة هيك، وإنت كمان لابس هيك."

ركض خليل عم يدور ع المراية وبدون وعي ضرب كوعو بشي بس ما حس لأنو كان بالو مشغول وهو عم يدور ع المراية مشان يشوف حالو. بس لقى ما في مراية ولا في شي بيعرفو حواليه. قعد بالأرض وهو ماسك كوعو من الوجع. وسأل إمو: "شو عم بيصير؟ وين بابا؟ رجع من الشغل؟"

"أي شغل؟ صرلنا أكتر من سنتين على هالحالة، من وقت ما بلشت الحرب." قالت إمو وهي عم تتفقد كوعو. "جرحت حالك وإنت مانك حاسس!"

"مو مشكلة الجرح. فهميني شو عم يصير؟ أي حرب؟ وين بابا؟"

"الحرب! ما منعرف مين ضرب مين، أو كيف بلشت. المهم إنو لساتنا عايشين لبين ما تفرج. وكمان ما منعرف إذا الأكل والمي نظاف ولا ملوتين. ما حدا عرفان شي من هداك الوقت."

"و بابا؟ وإختي؟"

"بابا طلع مع رفيقو صاحب المحل يلي كنت تجيب من عندو الخبز. مشان يأمن شوية أغراض، أكل ومية الشرب للبيت. وما منعرف كم يوم بدو لحتى يرجع. بس ما بيطول، بالعادة مو أكتر من إسبوع. بيجي وبيقعد كم يوم، وبعدين بيرجع مرة تانية. وإختك ليكا نايمة حدك."

"تحرك خليل لعند إمو وقلا: "شو بحسن إعمل؟"

"ولا شي ماما. متل ما كنت تعمل كل يوم. تتأكد من البطاريات إذا مشحونين، وفلاتر الهوا. وتقرا الكتب والرويات يلي أبوك عم يجيبا إلك كل ما رجع."

"ووين الكتب؟"

"ليكن ع الأرض حد مخدتك."

راح خليل وأخد كتاب من بين الكتب وقعد ع الطراحة حد إختو. شكلو متل الحيوان اللي بياكل النمل بس مع مصفاية مدورة.

"ولأيمت بدنا نظل عايشين هيك ماما؟"

"قلتلك ما منعرف شي. كل مرة بيقولولنا قصة، يوم بدنا نطلع من هون، بس لوين؟ ما حدا بيعرف. بيقولوا في مكان فيه مية نظيفة بس لحد هلأ عم يقولوا الروحة لهنيك خطرة. ويوم بيقولوا الحكومة عم تاخد العالم على مكان عملتو خصوصي مشان هالوضع. بس من سنتين لحد هلأ ما في حدا شاف هالمكان أو بيعرف وينو."

"ماما، بحسن إرجع نام؟ حاسس حالي كتير تعبان وماني حسنان إتحرك. إذا عزتي شي، صحيني من النوم."

"أي ماما، رتاح وبس عزت شي بصحيك."

ما بيعرف شو الوقت، ولا السنة ولا الشهر، ولا إذا كان ليل أو نهار. خليل كان بس بدو ينام. سند ظهرو ع الحيط والكتاب بين دياتو ونام.

إختو بلشت تنط حدو ع الصوفا مشان يصحى، فتح عيونو وتطلع حواليه. "أنا بالبيت مرة تانية؟" جلس قعدتو بالصوفا، بس كان كتير خايف وما حسن يضحك بوش إختو.

كان خايف يسأل أي سؤال لأن ما بيعرف شو الجواب رح يكون.

فاتت إمو ع الصالون. "قوم تحرك ساعدني بتجهيز السفرة. شوي وبيوصل البابا من الشغل. شو فيك؟ جوعان؟ ليش عم تتطلع فيني هيك؟"

"لا ما في شي ماما. أي جوعان، ومستني شوف البابا."

وطى خليل صوت التلفزيون لأن سمع صوت حدا واقف عند باب البيت، وفي صوت خرخشة مفاتيح. فتح الباب ودخل أبوه وصاح بصوت عالي: "مرحبا، أنا هون."

ركضت إختو برا الصالون مشان تسلم عليه وتحضنو كالعادة. وإمو طلعت من المطبخ وقالت: "يعطيك العافية."

"الله يعافيكي." رد أبو خليل وكفى كلامو: "شو؟ ناطرين الأكل ولا ناطريني؟" وهو عم يشلح سباطو عند الباب.

"ناطرين الأكل أكيد." قالت إم خليل وهي عم تضحك.

"شو؟ وين خليل؟" سأل أبوه.

خليل كان عم يسمع كل شي بس ما تحرك من الصوفا. كان خايف من شي، بس ما بيعرف من شو. طول اليوم كان مستني الوقت يمضى بسرعة لبين ما يرجع أبوه من الشغل. وهلأ إجت اللحظة، وخليل ما حسن يتحرك لحتى فات أبوه ع الصالون.

"أهلين بابا! يعطيك العافية." ومشي لعند أبوه وضمو، بس مو متل ضمة الصبح.

"الله يعافيك بابا. شو؟ ليش هيك وشك؟ صحصحت ولا لساتك نايم؟"

"لا صحصحت. بس غفلت عيني شوي بعد ما رجعت من المدرسة."

"طيب، أنا رح فوت غير أواعيي وإتحمم ع السريع. جوعان خير الله. يلا تنيناتكن روحوا ساعدوا إمكن بتحضير سفرة الأكل. بس روح أول شي وغسل وشك مشان تصحصح."

راح خليل ع الحمام مشان يغسل وشو. وهو عم بيغسل وشو، حس بوجع مو طبيعي بكوعو، رفع كم الكنزة لحتى يشوف شو صاير. لقى في جرح، وشكلو ما صرلو زمان، شغلة يوم أو يومين مو أكتر. كان وشو ما بيتفسر.

طلع أبو خليل من الحمام ولقى الكل ناطرينو على سفرة الأكل.

"بسم الله." وبلشوا الأكل. الكل كان طبيعي، عم يحكوا ويضحكوا ويمزحوا إلا خليل كان عم يبتسم وياكل بس ما حكا ولا كلمة. عم يتطلع على أهلو كإنو عم يودعن أو هي آخر مرة رح يشوفن. خطر ببالو الشغل بمحل الحدادة . الغرفة

بشباكين مدورين صغار، وصدى نفسو التقيل. وبلحظة تهيئلو إنو في بطانية مكان باب غرفتو.

"فيك شي؟ مو عاجبني حالك اليوم. شو صاير معاك؟ حدا مضايقك بالمدرسة أو بالحارة اليوم؟" أسئلة أبوه خلت تهيؤات خليل تطير.

"لا ما في شي، بابا. بس وقت غفلت عيوني بعد ما جيت من المدرسة، شفت منام زعجني."

"طيب بابا، إنت هلأ هون بيناتنا، خلي أحلامك لبعدين. شو، وين خليل الصبح؟ راح ولا لساتو هون؟"

"لا بابا، لساتو هون." وهو عم يضحك على طريقة أبوه بالحكي.

وبلش أبوه يمزح معو ويضحكو وخلاه ينسى كل شي.

بعدين سألو عنجد. "كيف كانت المدرسة اليوم؟ هات حكيلي."

وبلش خليل يحكي لأبوه عن كل يومو. المدرسة والطلاب والأساتذة والدروس عن شو كانوا. وعن درس الفيزيا والكيميا والرياضيات. وصار خليل يشرح شو صار بينو وبين إستاذ الرياضيات. وأبوه عم يسمع ويسأل خليل كمان وكمان. وخليل يحكي أكتر وأكتر. مبسوط وعم يضحك من كل قلبو.

ما حس خليل كيف مر الوقت. خلصوا أكل وشالوه ع المطبخ، وغسلوا الصحون وقعدوا شربوا الشاي سوا. وخليل لسا ما خلص حكي.

قعد أبوه يتفرج ع التلفزيون مع إمو. وهو وإختو قاعدين عم يكتبوا الوظيفة. لأن إمن وعدتن إذا بيخلصوا وظايفن بكير، رح تعملن جاتو. وبالعطلة "منروح كلياتنا مشوار."

خلص خليل وظيفتو، ضب أغراض المدرسة بالشنطاية وأخدا وحطا بغرفتو، ورجع ع الصالون وقعد حد أبوه. كان مستني أبوه يخلص فرجة ع الأخبار مشان يرجع ويحكي معو.

أبوه مركز بالتلفزيون. وخليل عم يتطلع على عيون أبوه المسكرين شوي ورا النظارات العاكسين شو طالع بالتلفزيون.

قامت إمو وراحت لعند إختو لأنا بدا مساعدة بالوظيفة وخليل ما رضي يساعدا، وتحجج إنو تعبان وما عم يركز، مشان ما يتحرك من جنب أبوه.

خلصت الأخبار. زت أبوه جهاز التحكم من إيدو ع الطاولة، وصار يحكي بالسياسة مع حالو (متل كل أبهات العالم). خليل عرف هلأ رح تروحلا ١٠ دقايق حكي بتنتهي ب "ما حدا فهمان شي!" إذا ما حدا فهمان شي لشو عم تتفرج لكان؟ كان خليل بدو يقول لأبوه هالكلمة ١٠٠ مرة، بس كان خايف من شي طيارة تنزل عليه على غفلة. طبعا من إمو. أي صحيح أبوه بيعيط عليه بعض مرات، بس بحياتو ما مد إيدو عليه. بس إم خليل ما معا مزح. إيدا والكف، ما بتعرف من وين بيجيك، تقول طيارة شبح.

"شو بدك تعمل لبين ما صار الجاتو؟" كان عم يسمع إم خليل مشان تقوم وتجهز الجاتو يلي وعدت فيه الولاد.

"طيب، تعال درس بنتك لبين ما قوم وإعمل الجاتو."

"شايف لك إبني، بحياتك لا تحكي قبل ما تفكر بالنتيجة. خليني قوم درس إختك وخلي إمك تحضر الجاتو."

خليل كان في عندو كتير حكي بدو يقولو لأبوه، عن كل شي عم يشوفو ويسمعو ويعيشو، عن شغلو بمحل الحدادة وعن البطانية تبعيت الباب والسقف المحروق، وعن شحن البطاريات وتبديل فلاتر الهوا بالقبو، وعن صدى صوتو التقيل يلي عاشو وهو بالعتمة. عن الجرح يلي بكوعو. بس كلمة أبوه طنت بمخو طن. "بحياتك لا تحكي قبل ما تفكر بنتيجة حكيك."

شو بدا تكون النتيجة يعني؟ يمكن يفكرني جنيت؟ أو عم إتهرب من مسؤولياتي بقصص وحكاوي؟ بس أكيد رح يعطيني حل. البابا على طول هيك، الله لا يحرمني

منو ومن ماما ومن إختي كمان. بكرا رح خبرو بكل شي وشو ما صار يصير. لأني ما عاد فهمت شو يلي عم بيصير معي.

مرق الوقت بسرعة، السهرة والجاتو والعشا. خليل حسن ثانية.

"يلا بابا ع النوم. صارت الساعة ١١. وأنا كمان لازم قوم نام مشان الشغل."

"معليش بابا بخلص الفلم وبعدين بفوت نام؟ مو جاييني نوم هلأ؟"

"أي معليش، بس لحتى يخلص هالفلم، مو لحتى يخلص الفلم الجاي. يعني ع ال١٢ بتكون بفراشك، مشي؟ ولا تنسى تطفي الضو والتلفزيون."

"طيب بابا، بس خلص الفلم بطفي التلفزيون والضو وبروح على غرفتي."

"تصبح على خير!"

"وإنت بخير بابا."

خليل ما بدو يتفرج ع الفلم، بس ما بدو يروح ع الفراش لأنو خايف إنو ينام وما بيعرف هي المرة وين بدو يصحى. قرر إنو ما ينام لتاني يوم. ما تسطح ع الصوفا متل ما بيعمل بالعادة، ظل قاعد وعم يقلب بقنوات التلفزيون. وكل ما لقى فلم بيحبو كان يقلب عنو لأن خاف إذا قعد يتابع شغلة بيحبا رح ترخي بدنو وتخليه ينام. صارت الساعة ٢تنتين وخليل لساتو صامد وعيونو مفتوحين. و بالآخر وقع جهاز التحكم من إيدو.

سافر خليل.

حس على حالو إنو نام ولازم يصحى، حرك راسو لقدام مشان يتجلس بالصوفا. طرق راسو بالحيط ومن الوجع فتح عيونو وإيدو على راسو. لقى حالو متسطح على تختو بغرفتو وعيونو عم تتطلع بالسقف. شال إيدو من على راسو وعيونو التنين مفتوحين ع الآخر ع السقف المحروق. جمد بأرضو لعشر دقايق. بعدين تطلع ع اليمين لقى بطانية مكان باب غرفتو. "شو هالأحلام يلي عم شوفا؟ خليني قوم لحق الشغل."

تحرك خليل من التخت، راح ع الخزانة، غير أواعيه ولبس أواعي الشغل. طلع ع الحمام. خلص من الحمام وفات ع المطبخ ولقى إمو عم تحضر الفطور. بعد ما شاف خليل إمو بالمطبخ وريحة القهوة معباية المكان، حس بإنو الدني بخير وكان مرتاح من جواه بالرغم من الواقع المرير يلي كانوا عايشينو. فطروا سوا، ودع خليل إمو وطلع ع الشغل.

مشي خليل بطريقو ع الشغل بكل ثقة مو هامو شي وعم يتطلع حواليه بالطريق. مرق من قدام المحل اللي بياخد منو خبز. صاحب المحل لابس صدرية الشغل (بلاستيك وبيضا وكتير وسخة) واقف على باب المحل وماسك دفتر الدين بين دياتو وعم يتطلع بخليل.

"لا تنسى تمرق تاخد الخبزات اليوم، ع الموعدها. مستنيك."

"تطلع خليل عليه وبهي اللحظة حس إنو كل شي طبيعي متل ما كان، وإنو كل شي شافو كان وهم مو أكتر. وإنو هاد الواقع يلي أنا فيه ولازم عيشو كيف ما هو."

"طيب عمو ولا يهمك. اليوم ع الموعد تماما بكون عندك". ابتسم خليل وتطلع قدامو وكفى طريقو ع الشغل.

Levantine Arabic Readers Series

www.lingualism.com/lar

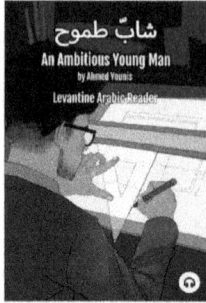

شابّ طموح
An Ambitious Young Man
by Ahmed Younis
Levantine Arabic Reader

Levantine Arabic Reader
اللي بيزْرع بُيحْصُد
Where There's a Will
by Ahmed Younis

Levantine Arabic Reader
حَياةْ فاطْمة
Fatimah's Life
by Israa Ramadan

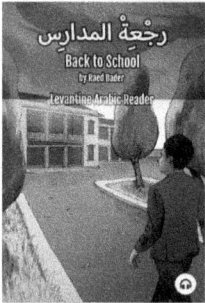

رجْعةْ المدارِس
Back to School
by Raed Bader
Levantine Arabic Reader

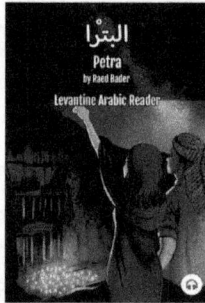

البترْا
Petra
by Raed Bader
Levantine Arabic Reader

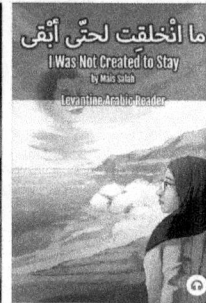

ما انْخلقت لحتّى أبْقى
I Was Not Created to Stay
by Mais Salah
Levantine Arabic Reader

Levantine Arabic Reader
جرّةْ الفلّاح
The Farmer's Jar
by Mona Noureddine

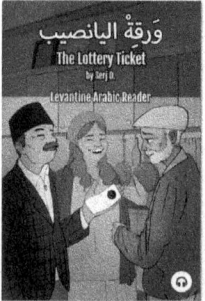

وَرقِةْ اليانصيب
The Lottery Ticket
by Serj D.
Levantine Arabic Reader

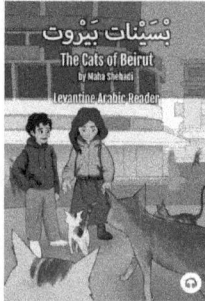

بْسَيْنات بَيْروت
The Cats of Beirut
by Maha Shehadi
Levantine Arabic Reader

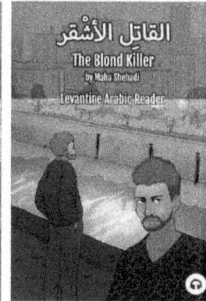

القاتِل الأشْقر
The Blond Killer
by Maha Shehadi
Levantine Arabic Reader

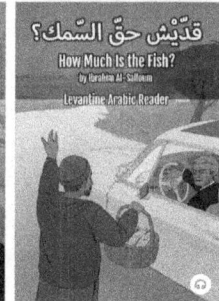

قدّيْش حقّ السّمك؟
How Much Is the Fish?
by Ibrahim Al-Salloum
Levantine Arabic Reader

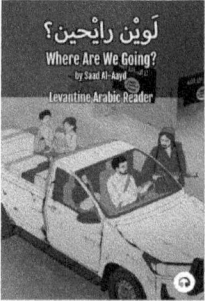

لَويْن رايْحين؟
Where Are We Going?
by Saad Al-Aayd
Levantine Arabic Reader

Levantine Arabic Reader
خليل و الأكْوان المُتعدِّدة
Khalil and the Multiverse
by Saad Al-Aayd

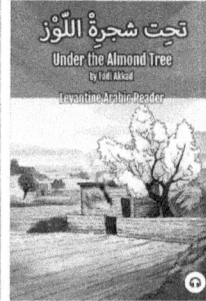

تحت شجرةْ اللّوْز
Under the Almond Tree
by Fadi Akkad
Levantine Arabic Reader

Levantine Arabic Reader
عمّي العزيز جاسِم
Dear Uncle Jassim
by Ammar Al-Shaami